Histórias cansadas

FTD

Copyright da edição brasileira © Editora FTD, 2022
Reprodução proibida: Art. 184 do Código Penal e Lei 9.610 de 19 de fevereiro de 1998.
Todos os direitos reservados à
EDITORA FTD
Rua Rui Barbosa, 156 – Bela Vista – São Paulo – SP
CEP 01326-010 – Tel. 0800 772 2300
www.ftd.com.br | central.relacionamento@ftd.com.br

Cuentos cansados
Texto © 1992 Herederos de Jorge Mario Varlotta Levrero
C/O Agencia Literaria CBQ info@agencialiterariacbq.com
Ilustrações © 2018 Diego Bianki
Edição original © 2018 Pequeño Editor

DIRETOR-GERAL Ricardo Tavares de Oliveira
DIRETOR DE CONTEÚDO E NEGÓCIOS Cayube Galas
GERENTE EDITORIAL Isabel Lopes Coelho
EDITOR Estevão Azevedo
EDITORA ASSISTENTE Aline Araújo
ASSISTENTE DE RELAÇÕES INTERNACIONAIS Tassia Regiane Silvestre de Oliveira
COORDENADOR DE PRODUÇÃO EDITORIAL Leandro Hiroshi Kanno
PREPARADORA Lívia Perran
REVISORAS Fernanda Simões Lopes e Elisa Martins
EDITORES DE ARTE Daniel Justi e Camila Catto
CAPA, PROJETO GRÁFICO E DIAGRAMAÇÃO Cyla Costa Studio
DIRETOR DE OPERAÇÕES E PRODUÇÃO GRÁFICA Reginaldo Soares Damasceno

Dados Internacionais de Catalogação na Publicação (CIP)
(Câmara Brasileira do Livro, SP, Brasil)

Levrero, Mario
Histórias cansadas / Mario Levrero; ilustração Diego Bianki;
tradução de Antônio Xerxenesky. — 1. ed. — São Paulo: FTD, 2022.

Título original: Cuentos cansados
ISBN 978-987-1374-79-3 (ed. original)
ISBN 978-85-96-03250-6

1. Contos — Literatura infantojuvenil I. Bianki, Diego. II. Título.

21-92804   CDD-028.5

Índices para catálogo sistemático:
1. Contos: Literatura infantil 028.5
2. Contos: Literatura infantojuvenil 028.5

Cibele Maria Dias — Bibliotecária — CRB-8/9427

A - 797.758/22

Histórias cansadas

Mario Levrero

Diego Bianki

Tradução de Antônio Xerxenesky

1ª edição

FTD

Um dia

NÍCOLAS: Me conta uma história.

EU: Não, estou cansado.

NÍCOLAS: Eu não ligo para o seu cansaço. Conta uma história mesmo assim.

EU: Bom, mas seria uma história cansada.

NÍCOLAS: Tá, tá. Eu não ligo que seja uma história cansada.

EU: Bom... (bocejo). Era uma vez... (bocejo)... Era uma vez um senhor que estava cansado. Muito cansado. Tão cansado que não conseguia nem ir para casa se deitar e dormir. Então... (bocejo)... então abriu o guarda-chuva, colocou-o de ponta-cabeça no chão e se deitou para dormir dentro do guarda-chuva. E dormiu e dormiu, até que começou a chover. E choveu e choveu, até que o guarda-chuva se encheu de água, e o senhor começou a se afogar e acordou gritando: "Estou me afogando, estou me afogando". Então ele se levantou e viu que estava chovendo, e agarrou o guarda-chuva para se proteger da chuva, mas, como o guarda-chuva estava cheio de água, acabou virando toda aquela água em cima dele e se molhou ainda mais. E aqui termina essa história.

NÍCOLAS: Conta outra.

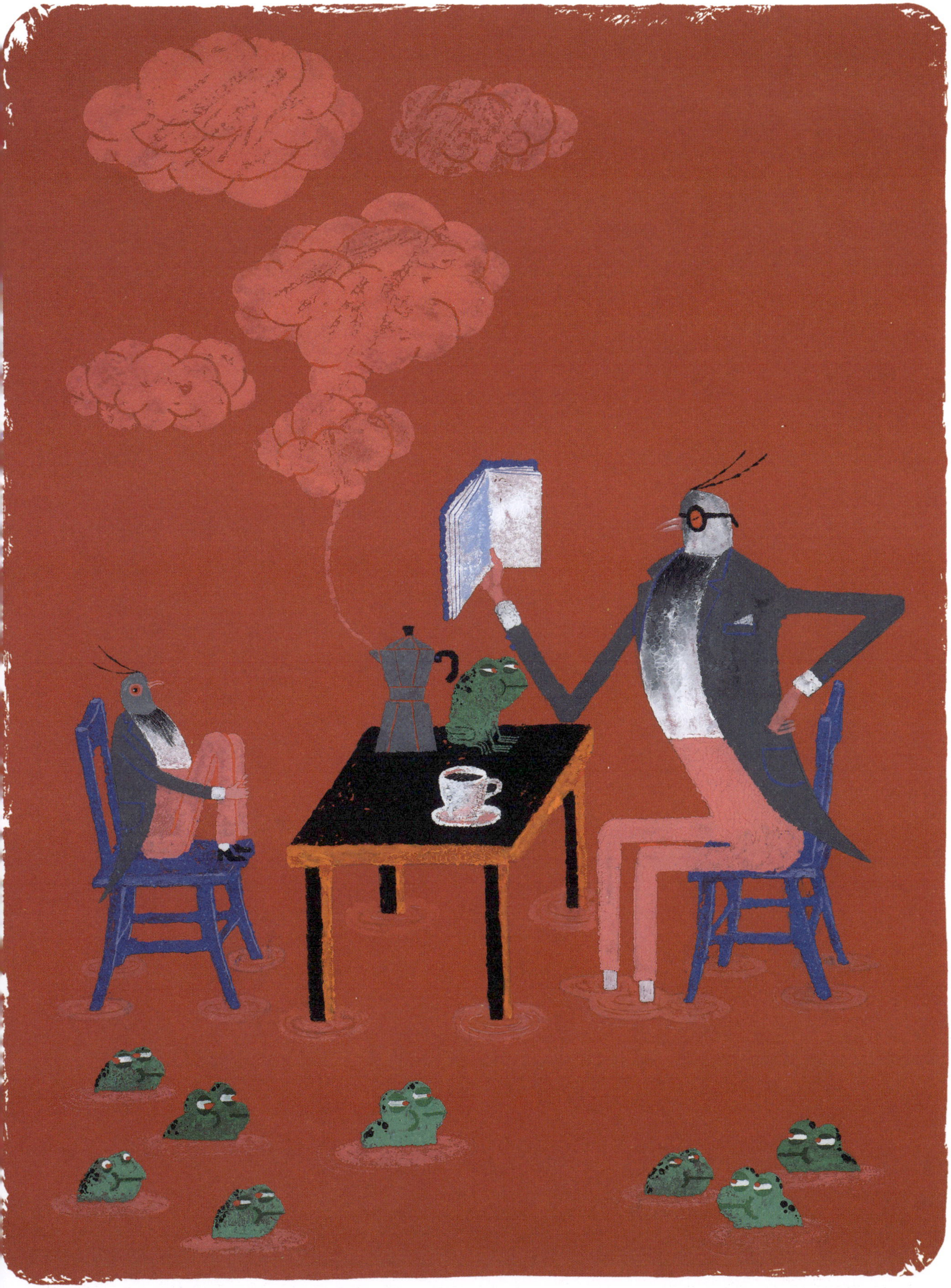

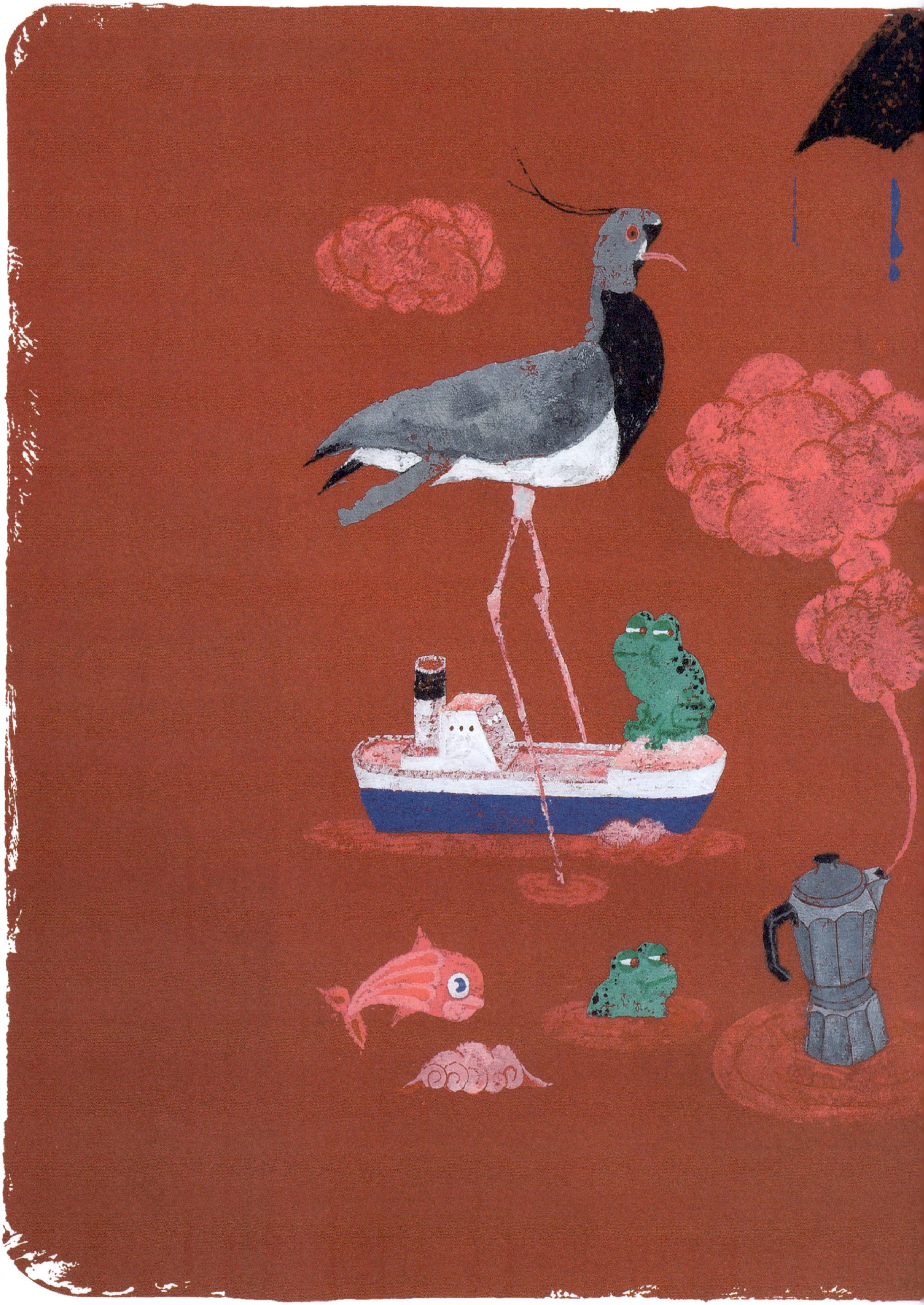

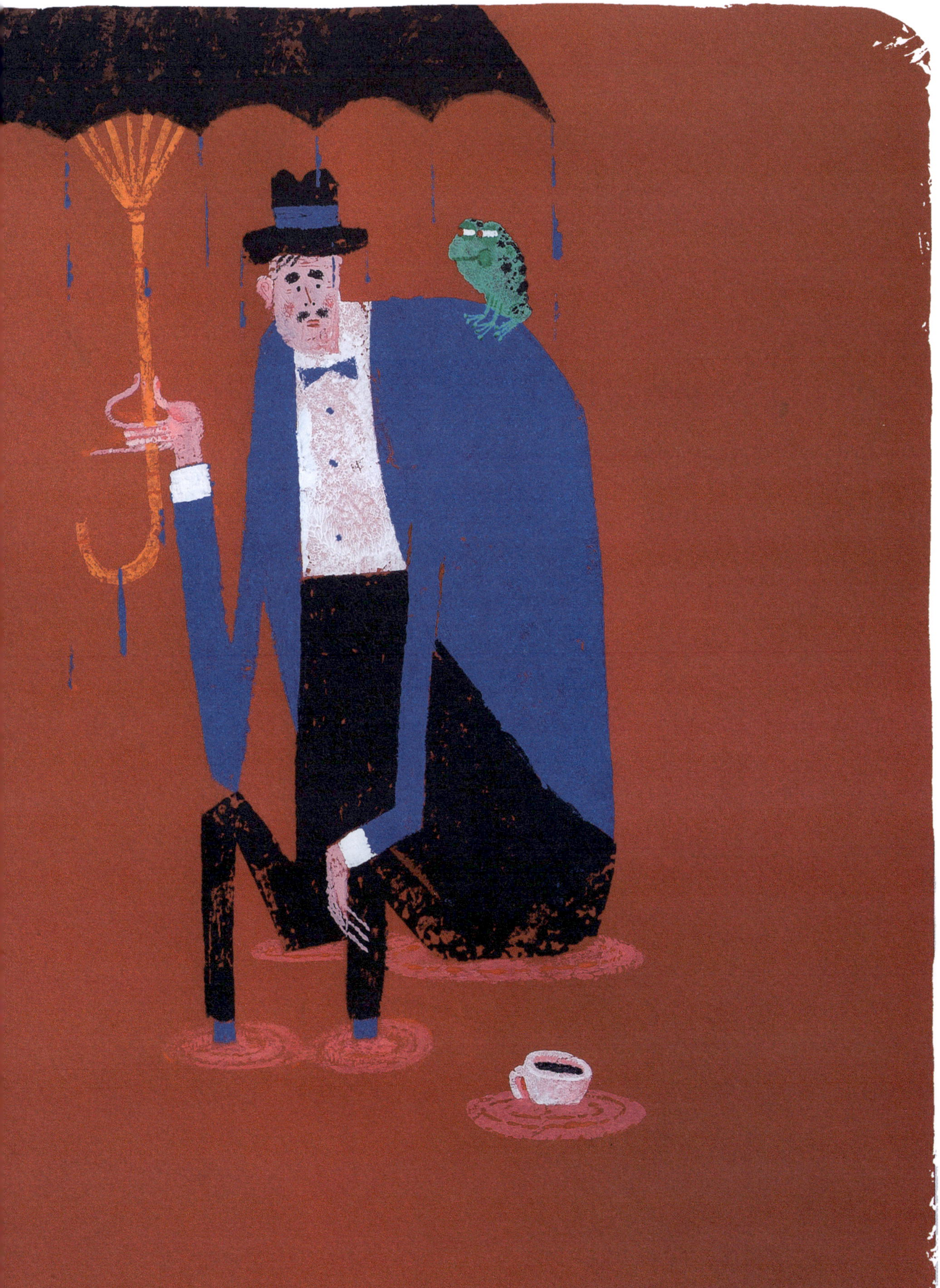

EU: Não. Outra história, não. Estou *muito* cansado.

NÍCOLAS: Eu não ligo; pode ser uma história *muito* cansada, então.

EU: Mas, veja só, eu estou muito, muito, muito cansado.

NÍCOLAS: Mas eu quero uma história muito, muito, muito cansada.

EU: Bom... (bocejo). Era... (bocejo)... uma... (bocejo)... vez... (bocejo)... um senhor... Era uma vez um senhor que estava muuuuito cansado, mas muuuuuuuuito cansado... (bocejo). Estava tão cansado que não conseguia nem mexer os pés, e, como sua casa estava distante, mas muuuito... (bocejo)... distaaaaante, então começou a espichar o nariz, e espichou e espichou o nariz, e depois começou a espichar o pescoço, e depois os braaaaaços... (bocejo)... e o trooooonco... (bocejo)... e se espichaaaava, e se espichaaaava, e depois as pernas, e então o nariz chegou primeiro à casa do senhor, e depois a cabeça, e o senhor enfiou o nariz e a cabeça pela janela, e apoiou o nariz e a cabeça na cama; depois foi chegando o resto do corpo, que tinha ficado muito grande e fininho, porque os pés estavam muito distantes, e todo o corpo foi se enfiando na cama; e, no final, quando o corpo inteiro estava deitado e só faltavam os pés, os pés se separaram do chão e as pernas foram encolhendo feito elásticos, e daí os pés chegaram a toda velocidade e se deitaram também na cama, e o senhor pegou no sono, e aqui termina a história.

NÍCOLAS: Conta outra.

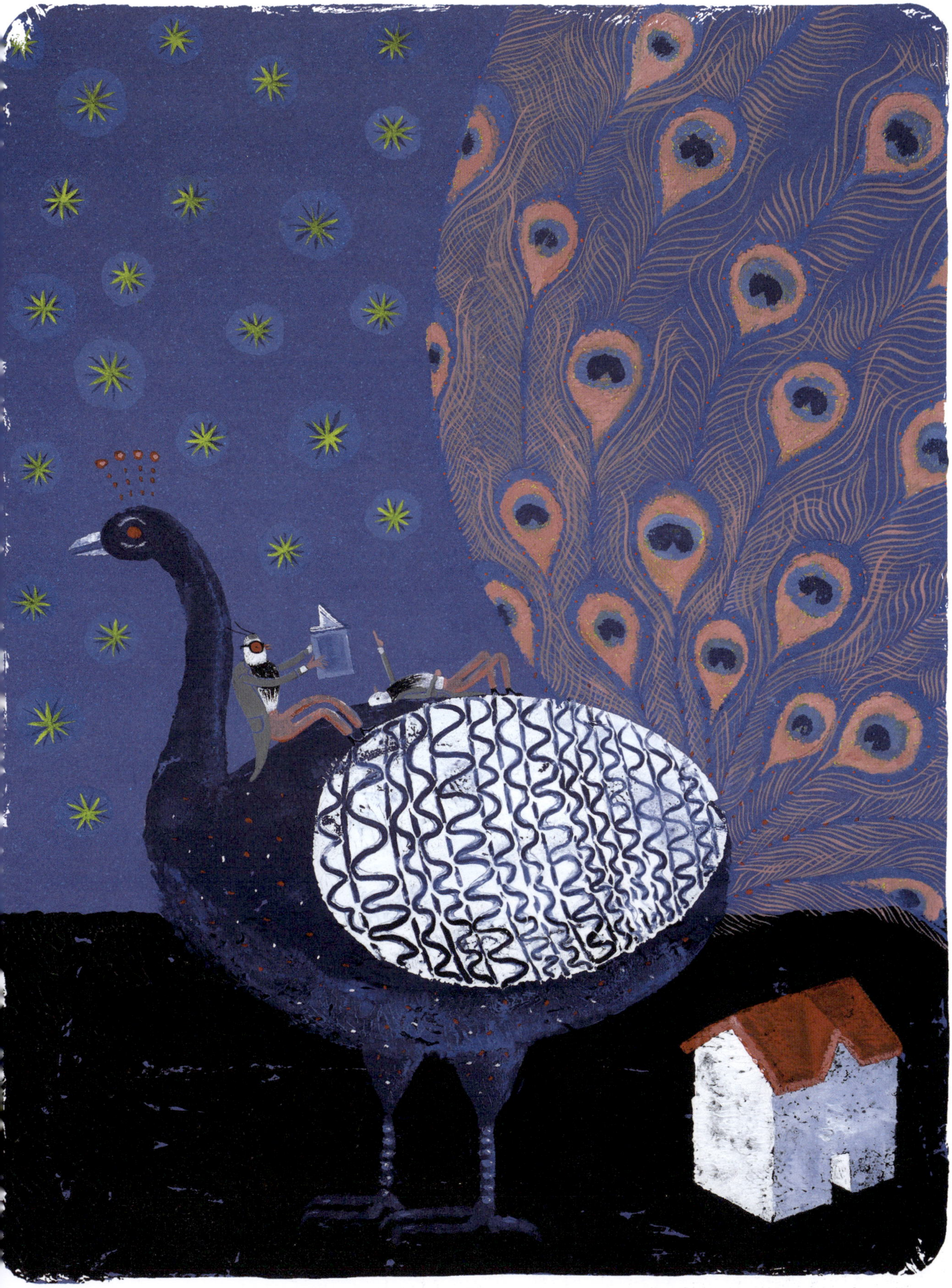

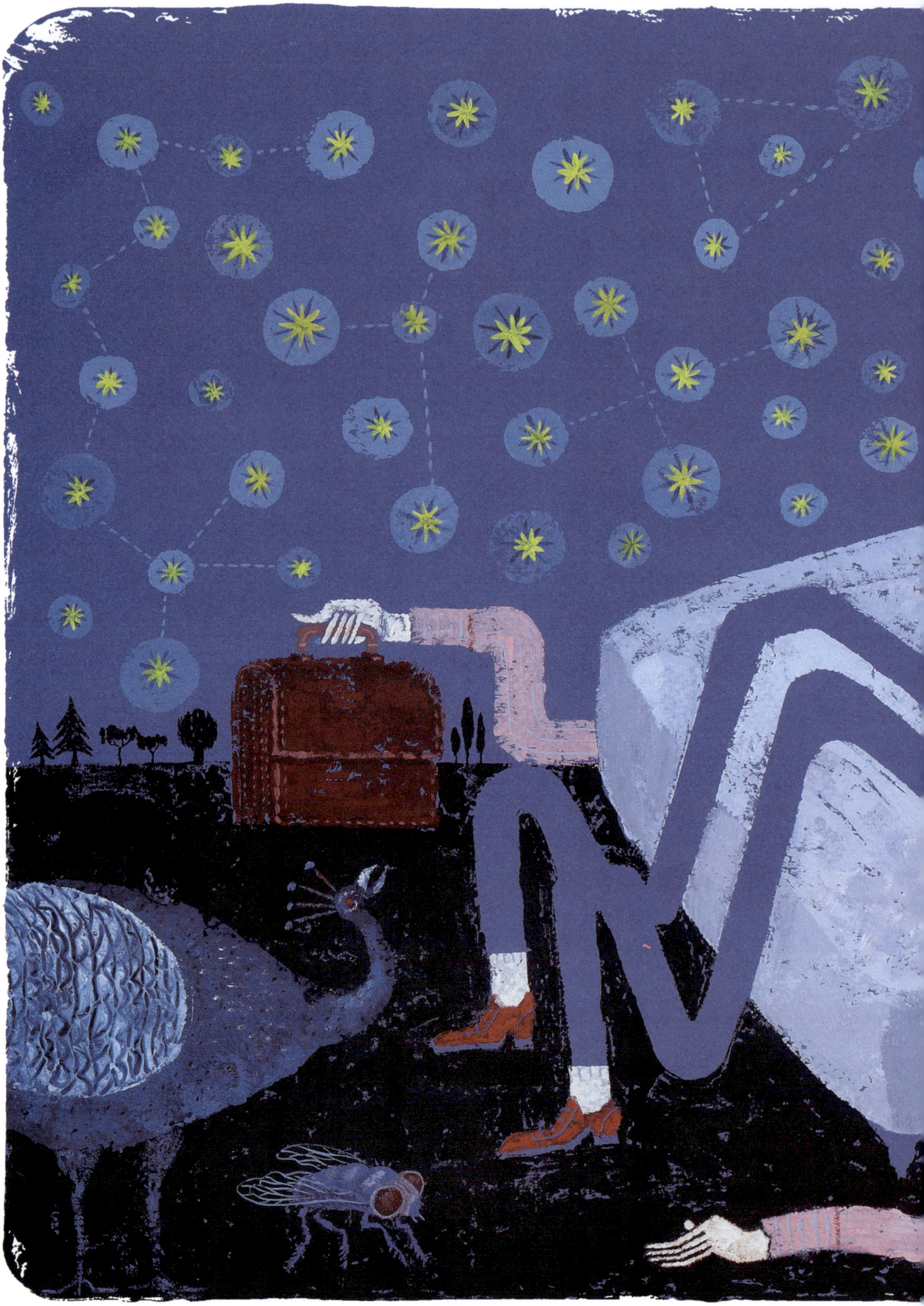

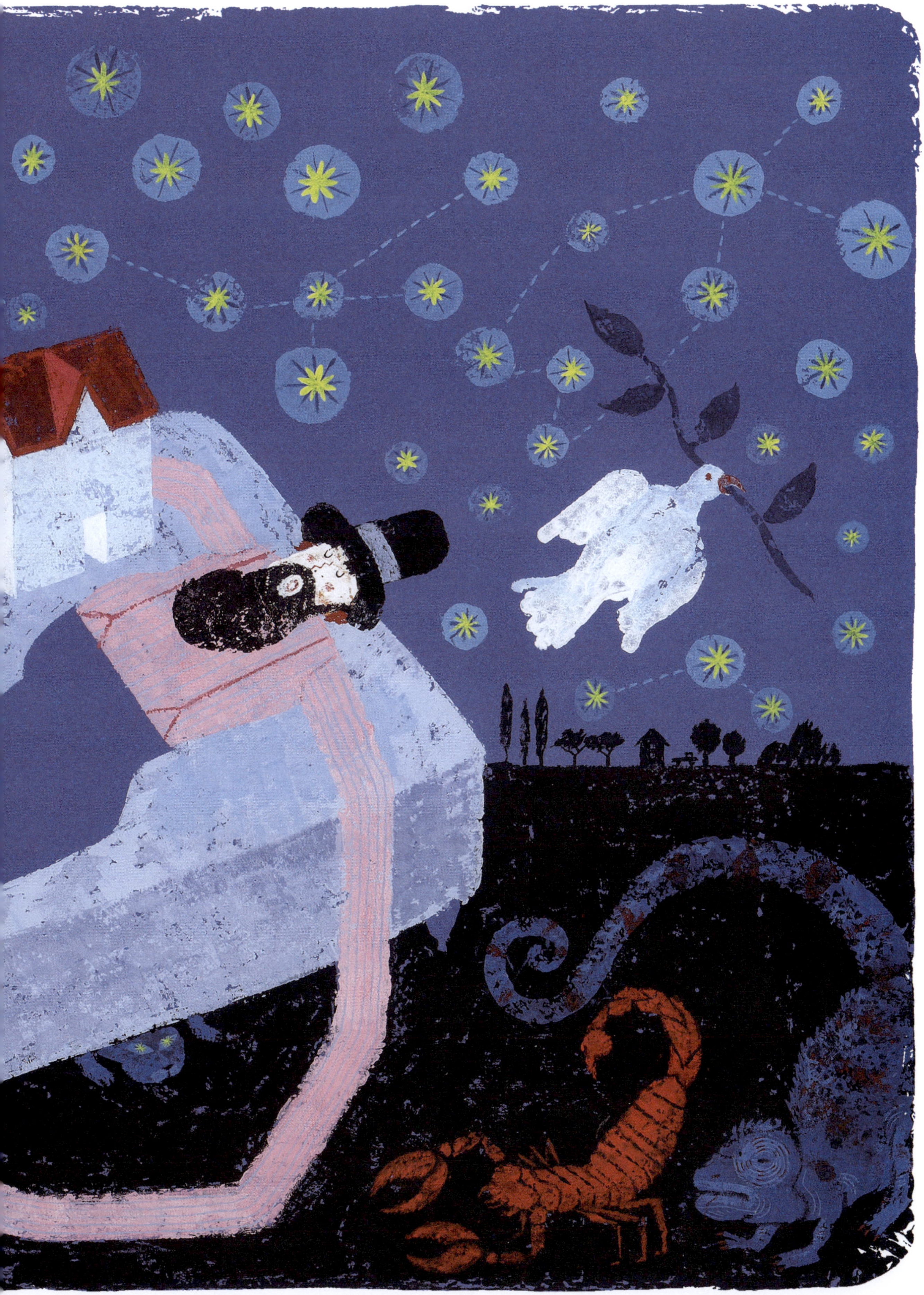

Outro dia

NÍCOLAS: Me conta uma história cansada.

EU: Não, porque estou cansado demais e, se contar uma história cansada, vou ficar ainda mais cansado.

NÍCOLAS: Eu não ligo; quero que você me conte uma história cansada e que fique ainda mais cansado, pois daí você pode me contar uma história muuuuito cansada.

EU: Tá bom. Era uma vez... (bocejo)... um senhor... (bocejo)... um senhor que estava cansado; estava muito cansado; tão cansado... (bocejo)... mas tão, tão cansado que nem enxergava mais; e então achou que tinha chegado em casa e abria a porta e entrava e se deitava na cama, mas, na verdade... (bocejo)... na verdade, estava no zoológico e tinha aberto a jaula dos macacos e tinha se deitado na cama dos macacos e assim que os macacos o viram... (bocejo)... começaram a zoar com ele; o pegavam pelos pés e o jogavam para cima, e outro macaco o agarrava no ar com o rabo e o balançava de cabeça para baixo por um tempo, e depois o deixava cair, e vinha outro macaco que o arremessava no ar e o sacudia e o fazia girar como se fosse uma bola, empurrando-o com os pés por todo o chão da jaula...

NÍCOLAS: Macaco não tem pé.

13

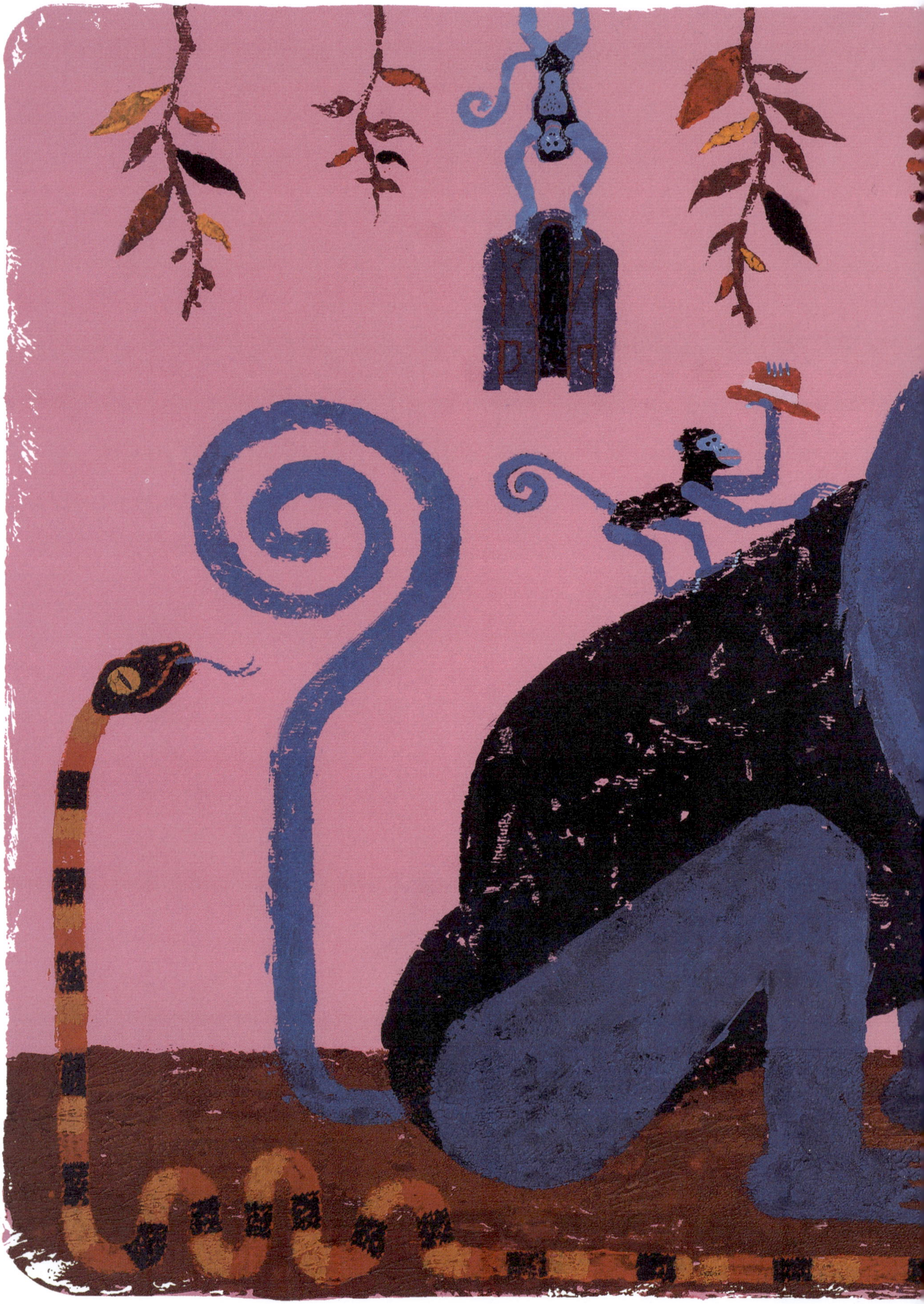

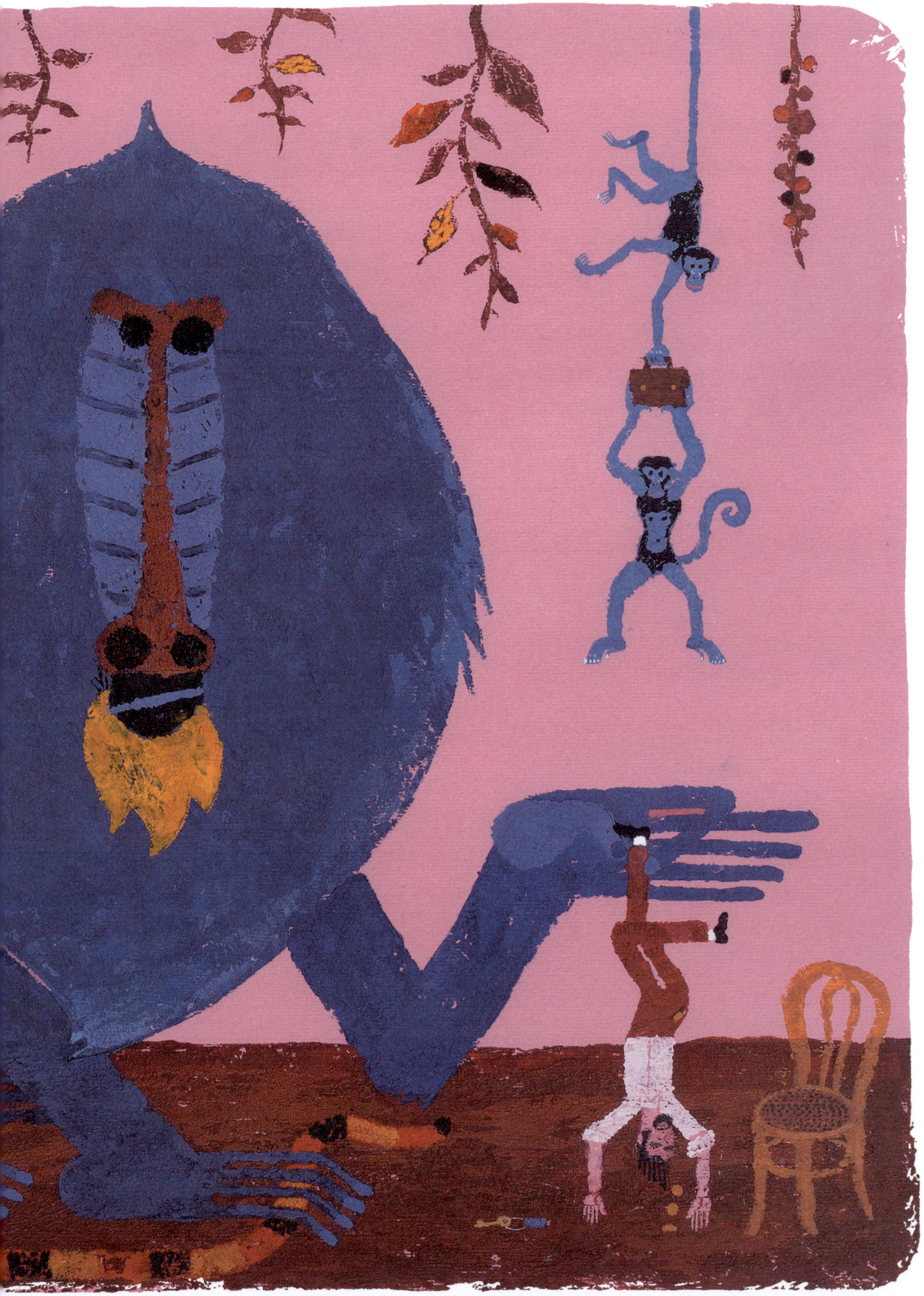

EU: Bom, então o empurravam com as mãos das patas traseiras por todo o chão da jaula, até que o senhor se deu conta de que estavam zoando com ele e saiu correndo da jaula, e estava mais cansado do que antes e não enxergava nada, então acabou indo parar no fosso das focas, que logo também o pegaram para brincar e o faziam girar com a ponta do nariz, mas o senhor estava tão cansado, mas tão, tão, tão cansado que dormiu mesmo assim, rodopiando na ponta do nariz das focas, e dormiu e dormiu e dormiu, até que enfim acordou e foi para casa, e a história acabou.

NÍCOLAS: Conta outra.

EU: Não.

NÍCOLAS: Mas eu quero *outra* história.

EU: Não, porque estou *realmente* cansado; muito, muito, muito cansado.

NÍCOLAS: Eu não ligo para o seu cansaço.

EU: Mas é que essa história também seria uma história *realmente* muito, muito, muito cansada.

NÍCOLAS: E eu quero uma história *realmente* muito, muito, muito cansada.

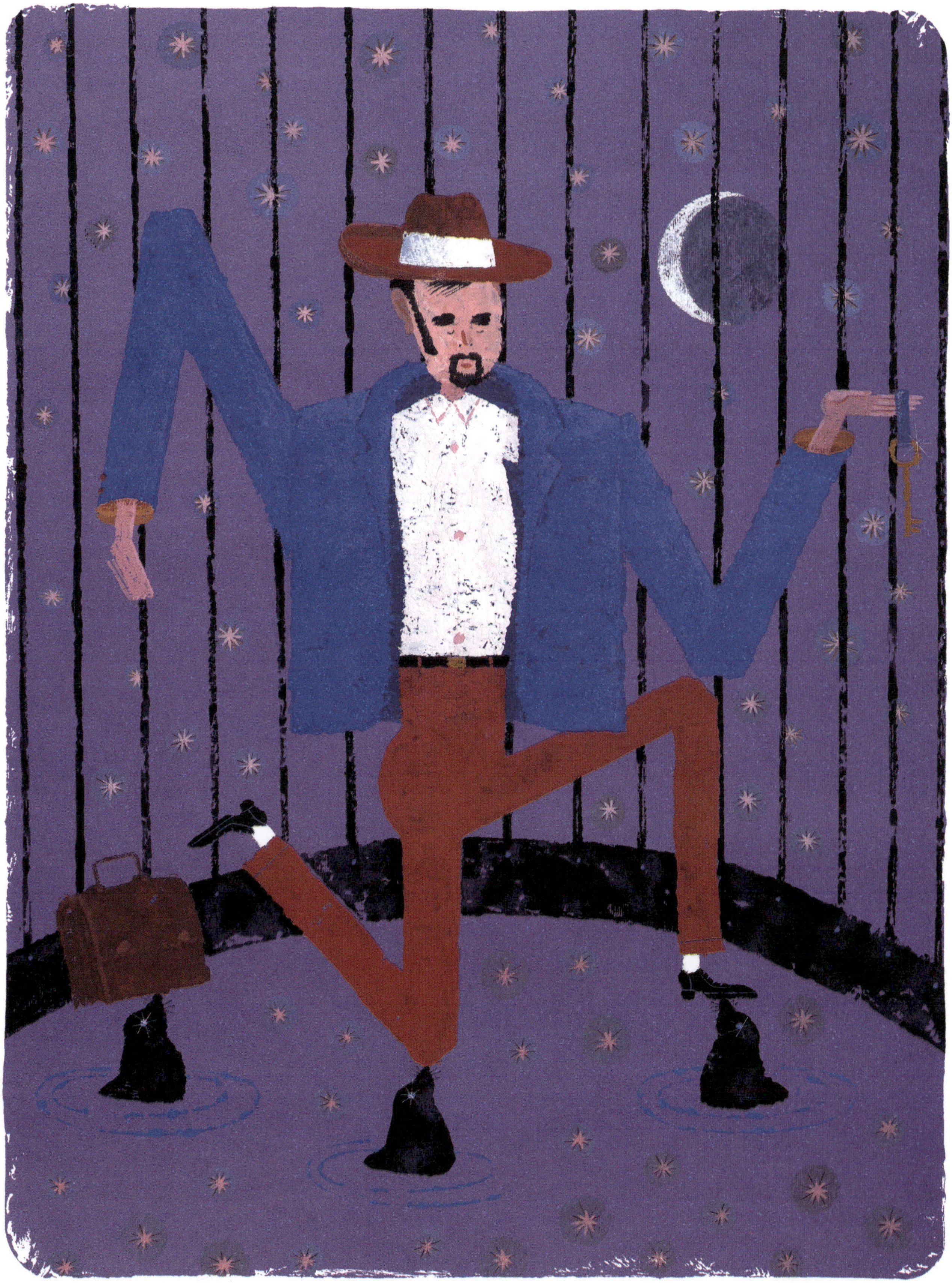

EU: Bom... Então... (bocejo)... era... (bocejo)... uma... (bocejo)... vez... um... senhor... que... (bocejo) (roncos).

NÍCOLAS: Ei! Não dorme! Continua a história!

EU: Era uma vez... (bocejo)... um senhor que tinha tanto sono... (bocejo)... mas tanto, tanto, tanto sono que não aguentava mais de sono e queria chegar rápido em casa e então... (bocejo)... (respiração pesada)...

NÍCOLAS: Ei!

EU: (de sobressalto)... e então subiu em um skate que um menino tinha deixado na rua, e, como toda a rua era uma ladeira, lá se foi o senhor com o skate para casa, mas tinha tanto sono, mas tanto, tanto, tanto sono que adormeceu no skate, e ficou rodando e rodando ladeira abaixo, até que chegou ao mar e caiu na água e afundou e dormiu no fundo do mar. De repente, veio um peixinho e o tocou no ombro: "Senhor, senhor, se ficar dormindo debaixo d'água, vai se afogar", e o senhor acordou gritando: "Socorro, estou me afogando", e subiu à superfície, e nadou e nadou e nadou até chegar à praia, e dormiu na praia, e aqui termina a história (roncos).

NÍCOLAS: Conta outra.

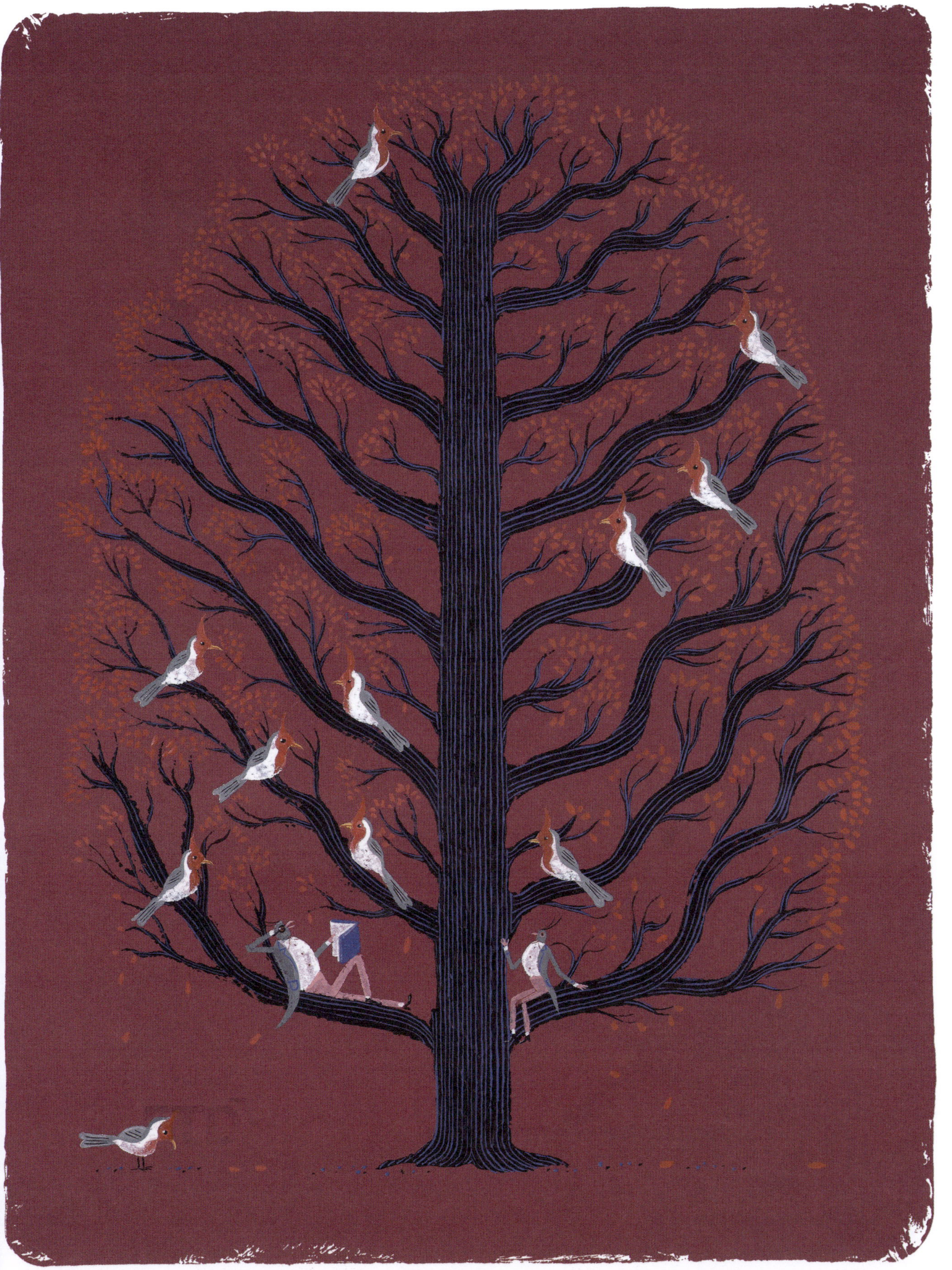

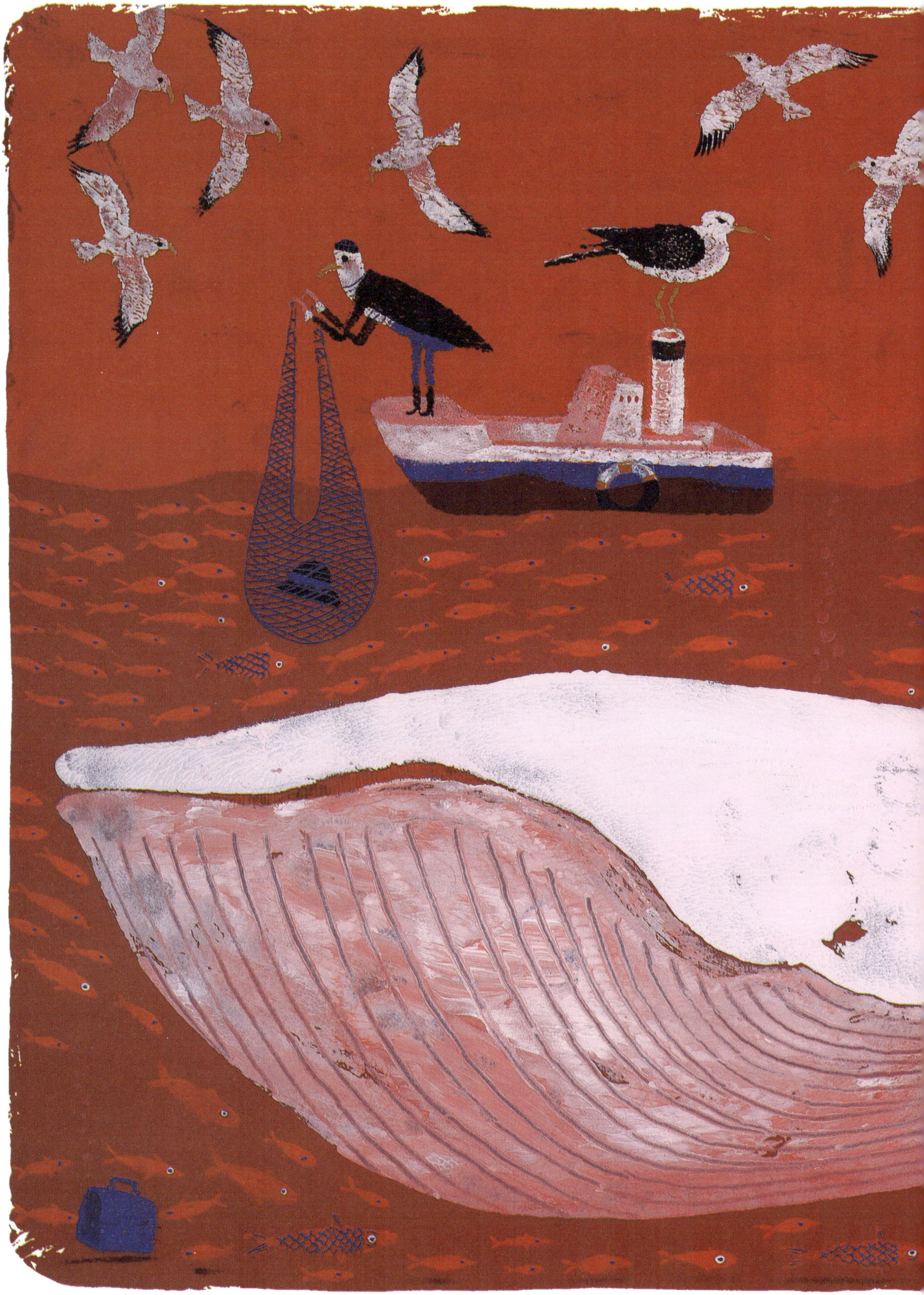

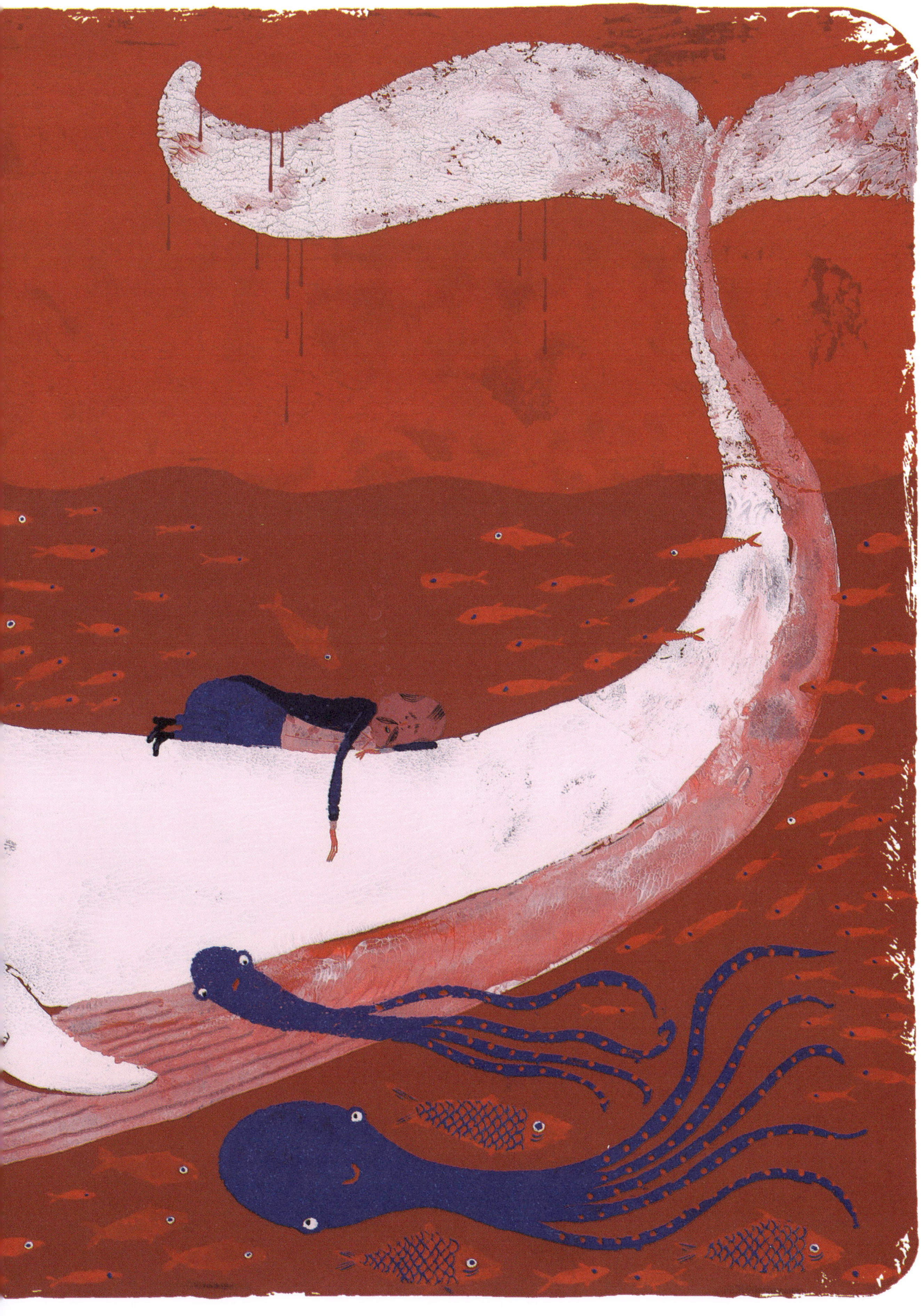

Outro dia

NÍCOLAS: Quero uma história cansada, e depois outra muuuuuuuito, mas muuuuuuuito cansada, e depois outra *realmente* muito, muito, muito cansada.

EU: Bom... Era uma vez um senhor... (bocejo)... um senhor... (bocejo)... um senhor que estava muito, mas muito cansado. Então foi para casa e se deitou e dormiu... (bocejo) (grunhido) (respiração pesada) (ronco).

NÍCOLAS: Ei! Ei, ei, ei! Ei!

EU: (de sobressalto)... Então, quando o senhor estava no sono pesado, mas muito pesado, entrou um ladrão pela janela e começou a roubar tudo; pegava as colherzinhas e passava pela janela para outro ladrão, que aguardava do lado de fora, e o outro recebia as colherzinhas e as colocava em um caminhão enorme; passou as colherzinhas, depois os copos, e as colheres, e os garfos, e as facas, e depois o armário, e depois a mesa com tudo que havia em cima dela, e as cortinas, e o tapete, e o sofá, e as cadeiras, e foi passando pela janela tudo o que havia na casa, até os pregos para pendurar os quadros; e também tirou os cobertores do homem que estava dormindo muito cansado... (bocejo)... muito cansado... (bocejo)... muito, mas muito, mas muito cansado... (bocejo) (silêncio).

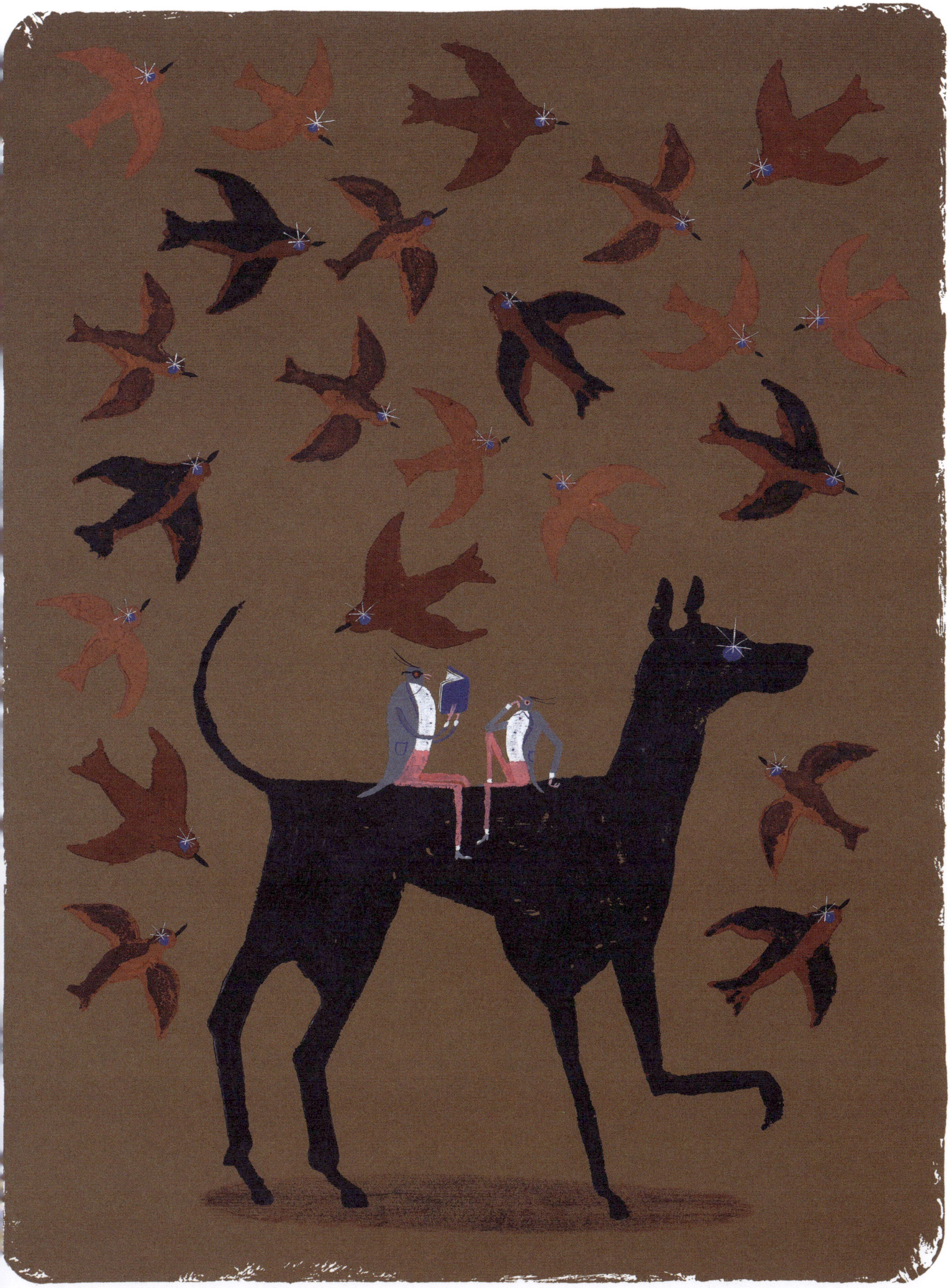

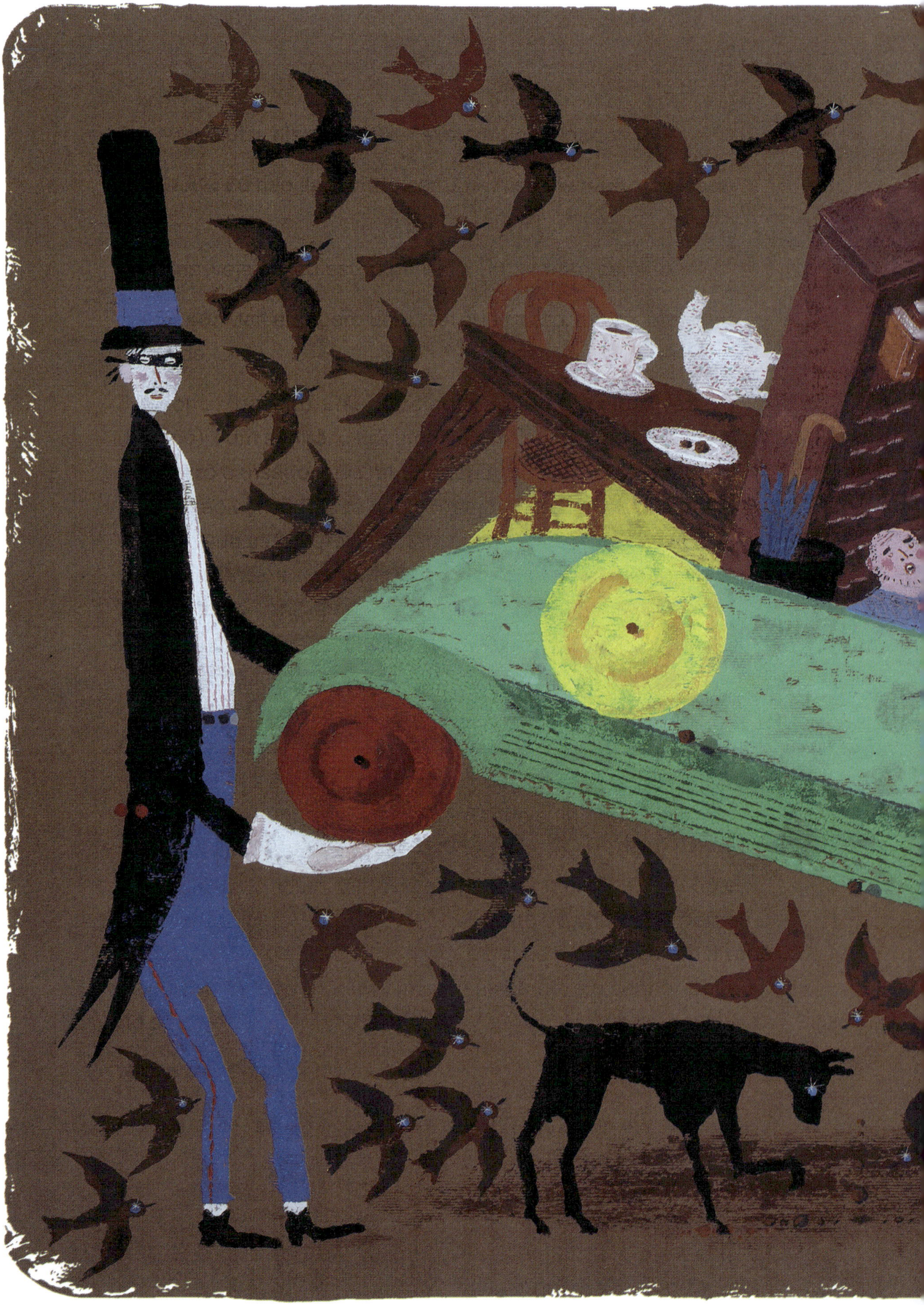

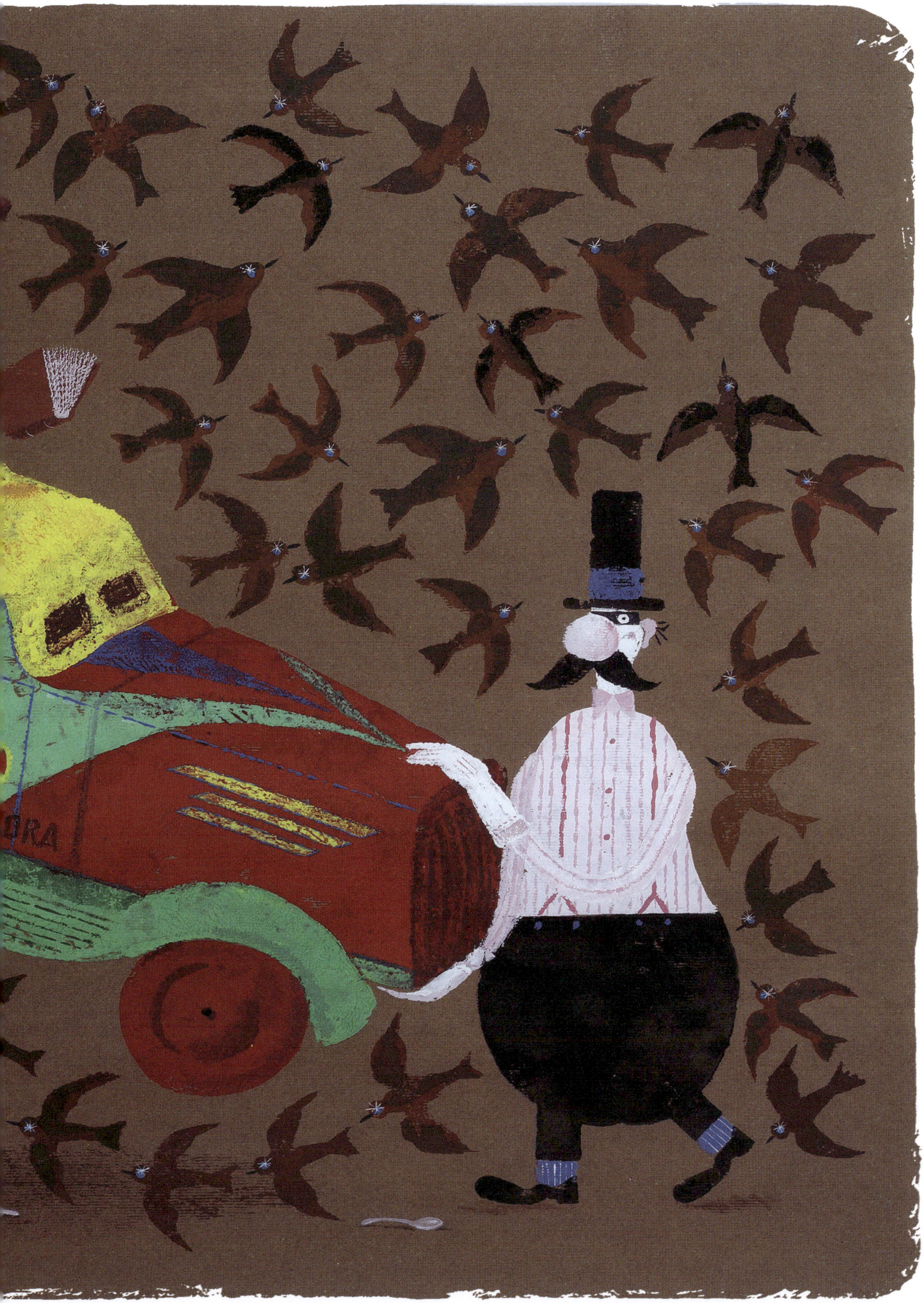

NÍCOLAS: E?

EU: (silêncio).

NÍCOLAS: Ei, ei, ei, Ei! A história! Ei!

EU: ... E o senhor continuava dormindo e dormindo, e o ladrão tirou os lençóis, o travesseiro, e depois o colchão e a cama, e depois também passou pela janela o tal senhor que estava dormindo, e o puseram no caminhão com todas essas coisas e levaram tudo. Mas apareceram uns policiais, que os pararam: "Ei, o que vocês estão transportando aí?", e os fizeram abrir as portas do caminhão, e, quando viram que os ladrões tinham roubado tudo aquilo, os policiais os ameaçaram com um cassetete e mandaram botar tudo de volta no lugar, como estava antes. Então lá se foram os ladrões e devolveram cada coisa ao seu lugar, e depois botaram o senhor na cama e o cobriram com o lençol e os cobertores, e depois os policiais os prenderam. E, quando o senhor acordou, ele disse: "Nossa, como eu dormi bem", e aqui termina a história.

NÍCOLAS: Conta outra.

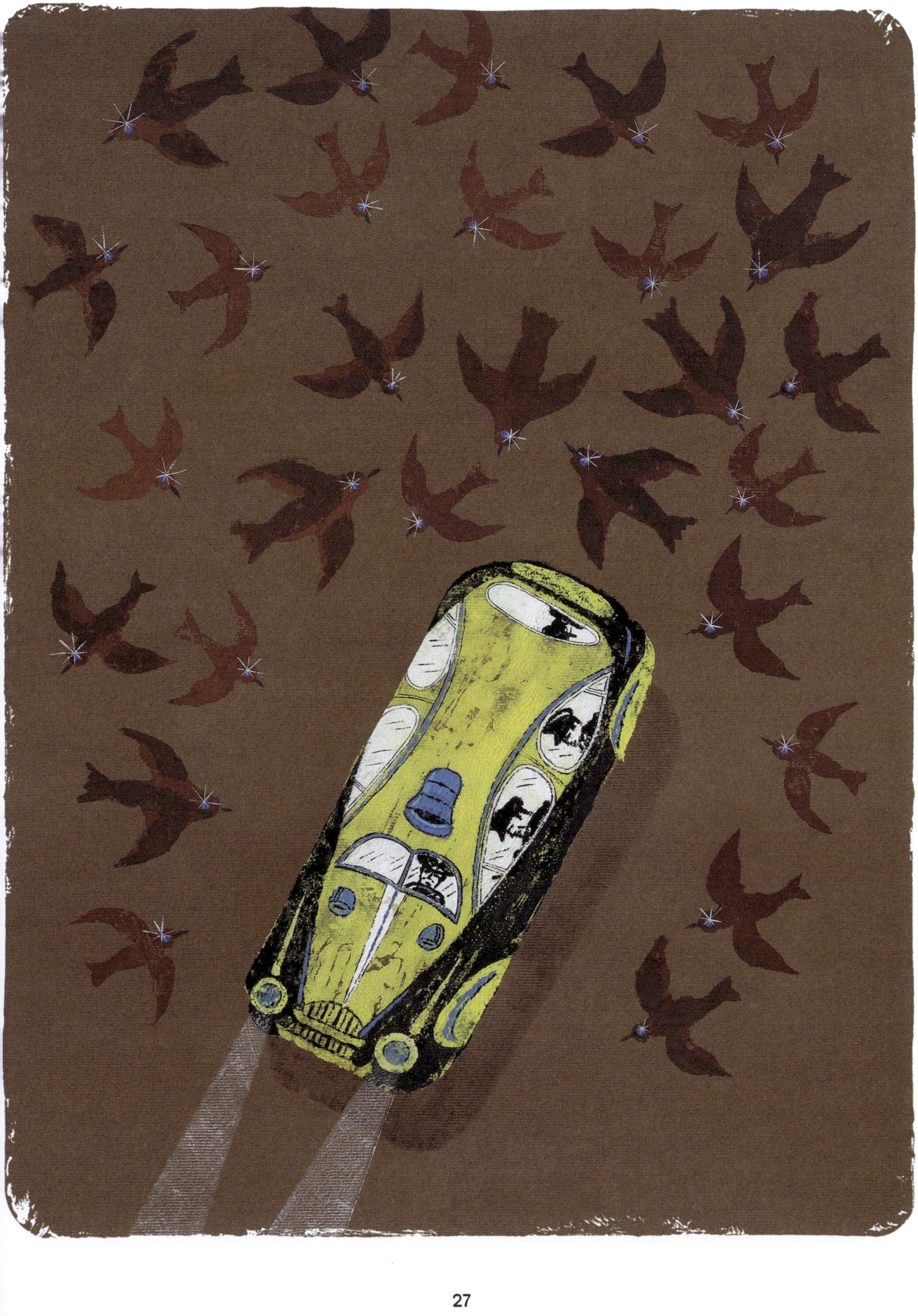

EU: Não, olha só, estou muuuuuuito, mas muuuuuuuuuuuito, mas muuuuuuuuuuuuuuuuuuito cansado...

NÍCOLAS: Eu não ligo. Quero uma história muuuuuuito, mas muuuuuuuuuuito, mas muuuuuuuuuuuuuuuuuuito cansada.

EU: Certo (bocejo). Era... (bocejo)... uma... (bocejo)... vez... (bocejo)... um senhor que estava muuuuuuuuito... (bocejo)... mas muuuuuuuito cansado. Então ele disse: "Vou pegar um ônibus para voltar para casa e dormir". Veio o ônibus, o senhor subiu, e ele se sentou em um assento no fundo, onde pegou no sono, e foi deslizando, e ficou escondido ali, dormindo no fundo; e o ônibus chegou ao fim da linha, e voltou até chegar ao início da linha, o mesmo lugar de onde tinha partido, e ali, sim, o cobrador se deu conta de que havia um senhor dormindo e o acordou e fez com que descesse. O senhor disse: "Mas estou ainda mais longe de casa do que antes"; então pegou outro ônibus e aconteceu a mesma coisa, e outra vez tomou outro ônibus e aconteceu o mesmo, e o senhor sempre chegava ao mesmo lugar; até que, enfim, com tudo o que tinha dormido nessas viagens, sentiu-se descansado e foi para casa caminhando, e aqui termina a história.

NÍCOLAS: Conta outra.

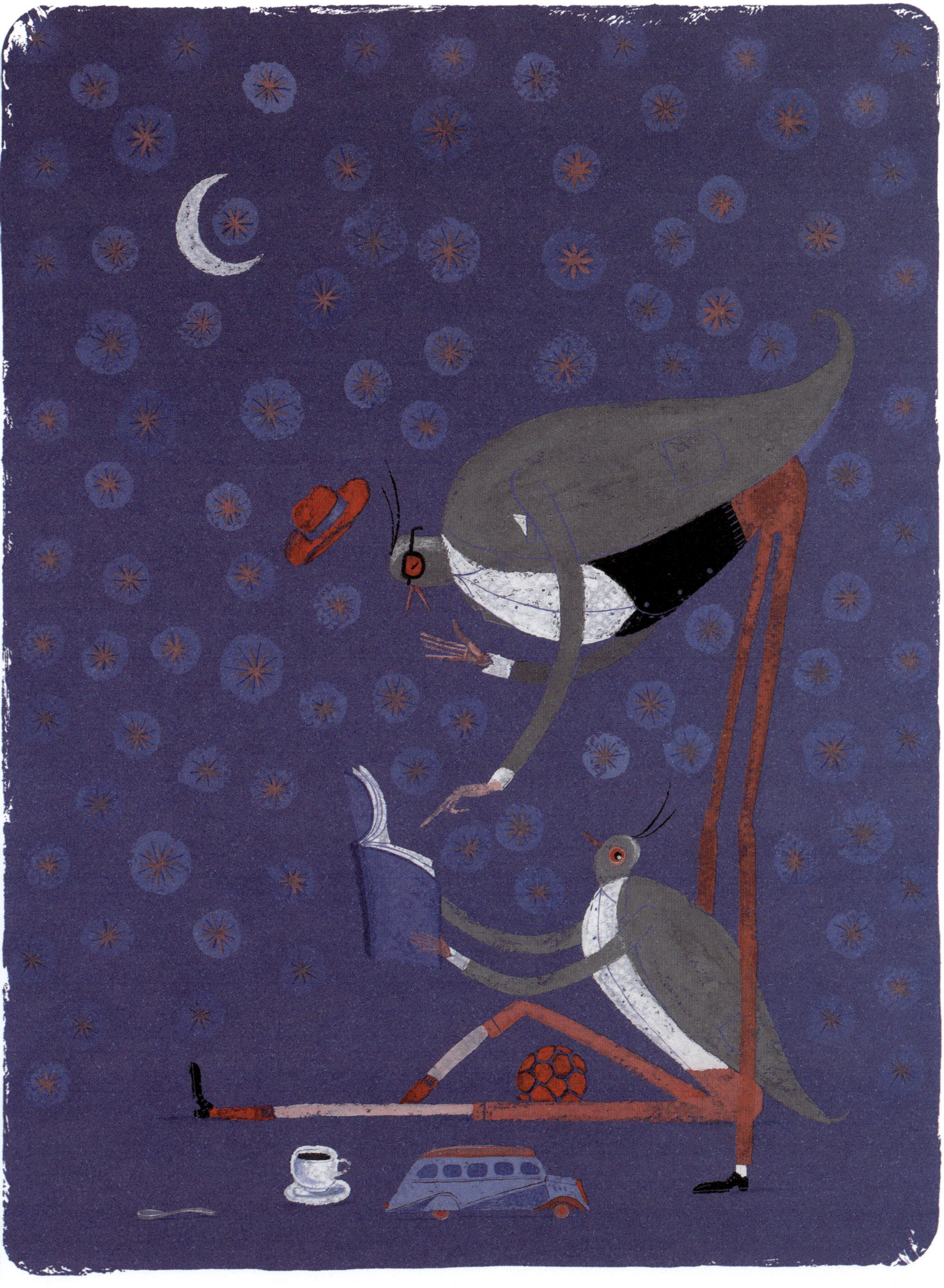

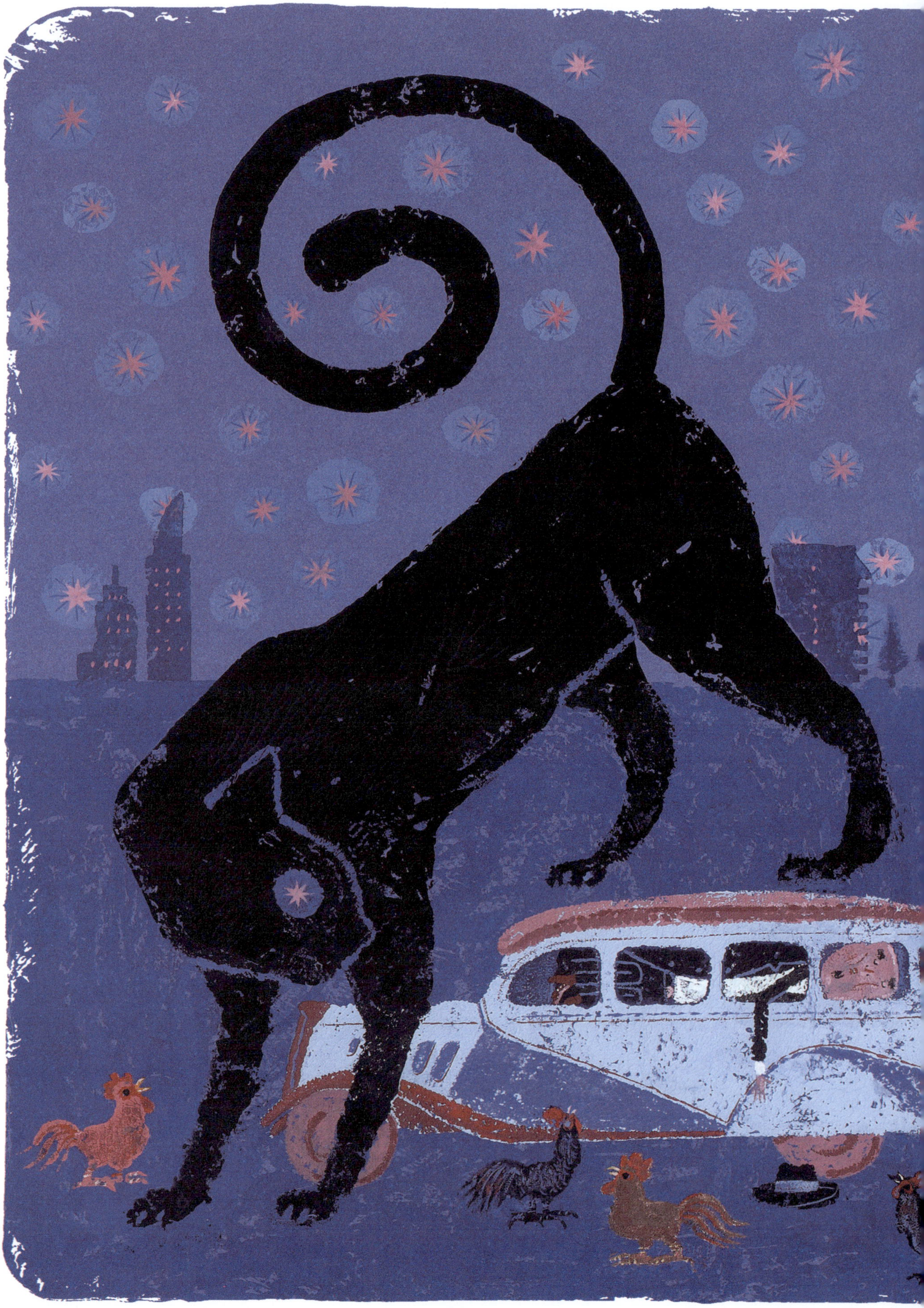

Jorge Mario Varlotta Levrero nasceu em Montevidéu, no Uruguai, em 1940, cidade em que também faleceu, em 2004. Foi fotógrafo, livreiro, roteirista de quadrinhos, humorista, criador de palavras cruzadas e quebra-cabeças. Em seus últimos anos, dirigiu uma oficina literária. Escritor cultuado, tornou-se professor e referência essencial para grande parte da literatura latino-americana atual. A escrita de Levrero, articulada entre o humor e a inquietação, tem uma prosa limpa, fundamentada no psicológico, que foi definida como realismo introspectivo. Autor de uma extensa obra literária, sua produção abrange artigos de jornais, contos, romances e ensaios. No Brasil, foram publicados *Deixa comigo* (2013) e *O romance luminoso* (2018), e *Histórias cansadas* é seu primeiro livro para crianças traduzido no país.

Diego Bianchi (**Bianki**) nasceu na cidade de La Plata, na Argentina, em 1963. É professor de desenho, designer, ilustrador, editor e autor de livros infantojuvenis publicados em diversos países. Cofundador e diretor artístico do projeto editorial de livros ilustrados Pequeño Editor, foi indicado pelo IBBY-ALIJA da Argentina para o Prêmio Hans Christian Andersen de Ilustração, em 2016, e recebeu, entre outros prêmios, uma Menção Especial na categoria Deficiências no BolognaRagazzi Award de 2016 pelo livro *Quebra-cabeças*. Também entrou para a Lista de Honra do IBBY por destaques de livros para jovens com deficiência em 2015 e 2017 e ganhou o Korea Educational Brand Awards de 2013. Por sua carreira de 2002 a 2011, ganhou, na categoria Ilustração, o Prêmio Konex de 2012, que premia as cem personalidades de maior destaque da cultura argentina.

Antônio Xerxenesky nasceu em Porto Alegre, Rio Grande do Sul, em 1984, e radicou-se em São Paulo. Doutor em Teoria Literária pela Universidade de São Paulo, é escritor e tradutor. Publicou *Uma tristeza infinita* (2021), *As perguntas* (2017) e *F* (2014), finalista do Prêmio São Paulo de Literatura, entre outras obras. Traduziu mais de vinte livros, entre eles *O romance luminoso*, de Mario Levrero. É também professor de escrita criativa.

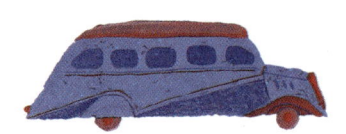

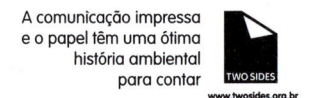

SUPLEMENTO DE LEITURA

Histórias Cansadas

Mario Levrero
ILUSTRAÇÕES Diego Bianki

Tradução de
Antônio Xerxenesky

Nome do aluno: _____

_____ Ano: _____

Nome da escola: _____

1. Em sua opinião, por que o livro *Histórias cansadas* recebeu esse título? Justifique sua resposta.

_____
_____
_____
_____
_____
_____
_____
_____

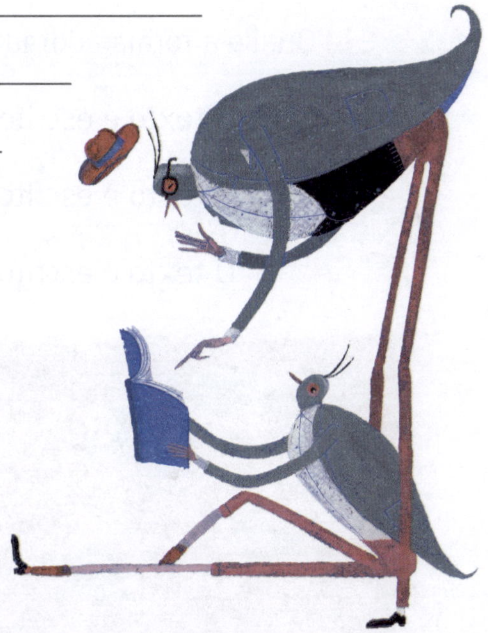

5. Em uma das histórias contadas por Eu, dois ladrões roubam a casa de um senhor que estava muito cansado. Responda de acordo com o texto:

a) O que o senhor cansado fez enquanto os ladrões roubavam a casa dele?

_____
_____

b) O que os ladrões roubaram?

_____
_____
_____
_____
_____

c) Em sua opinião, por que foi descrito minuciosamente tudo o que os ladrões levaram da casa?

_____
_____
_____
_____
_____

ELABORAÇÃO Ana Cosenza

2. O personagem que conta as histórias para Nícolas é identificado no texto como Eu. Em sua opinião, por que o autor do livro escolheu dar esse nome ao personagem? Justifique sua resposta.

_____
_____
_____
_____

3. O texto de *Histórias cansadas* apresenta uma estrutura narrativa bem diferente. Reflita sobre o livro e escolha a alternativa correta para cada questão.

a) Como é a narrativa desse livro?

☐ É uma única história, com introdução, desenvolvimento de uma situação e seu desfecho.

☐ São vários contos, com narrativas curtas e independentes, cada uma com início, desenvolvimento e fim.

☐ É uma narrativa de encaixe, ou seja, há uma história principal e, dentro dela, outras histórias, contadas por um único personagem.

b) Qual é a forma adotada pelo autor para escrever o texto?

☐ O texto é escrito em forma de poema.

☐ O texto é escrito em forma de diálogo.

☐ O texto é escrito em forma de carta.

4. Nas ilustrações, os personagens Nícolas e Eu são retratados como dois pássaros, e as cenas trazem elementos que representam as histórias contadas por Eu, como objetos e animais.

a) Identifique alguns desses elementos nas ilustrações do livro e descreva-os nas linhas a seguir.

_____
_____
_____
_____
_____
_____
_____
_____

b) Em sua opinião, por que esses elementos aparecem tanto nas ilustrações que retratam os personagens Nícolas e Eu quanto nas ilustrações das histórias contadas por Eu?

_____
_____
_____
_____
_____
_____
_____
_____
_____